Pregunta esencial

¿Cómo conseguimos lo que nos hace falta?

El señor de los libros

Violeta Villalba
ilustrado por Amelia Lau Carling

Capítulo 1
La inmensa librería

Me llamo Corina. Soy amiga de Esteban, el librero. Cuando tenía diez años, fui a diario a su librería por varios meses. Esteban me dejaba hojear todo lo que yo quisiera. Mis libros favoritos eran los que tenían fotografías de lugares lejanos y hermosos. Me imaginaba que viajaba a esos lugares y vivía grandes aventuras en ellos. Te preguntarás por qué solo hojeaba los libros con fotos. Muy sencillo, no sabía leer bien. Me costaba mucho.

El día que empezó nuestra amistad, Esteban me contó la historia de la librería. Su abuelo había heredado de su tatarabuela —la madre de su abuelo— la librería más grande que puedas imaginarte. En ella había tantos libros como para leer un libro distinto cada día por mucho tiempo.

Un día, el abuelo murió, y adivina quién heredó la librería... ¡Exacto! La heredó Esteban, y fue así como él se convirtió en librero. Y no en cualquier librero: se convirtió en el librero de una librería muy especial y maravillosa, como verás más adelante.

Y cómo olvidar el viejo letrero que colgaba encima de la puerta: *La librería del abuelo.* Aunque ahora pertenecía a Esteban, él nunca quiso cambiarle de nombre. Por supuesto, se le cruzó por la cabeza llamarla *La librería de Esteban.* Pero finalmente, decidió mantenerlo porque el lugar era conocido y no quería que sus clientes se equivocaran de sitio.

Cuando Esteban heredó la librería de su abuelo, era un joven de dieciocho años que aún vivía con sus padres. Estudiaba matemáticas y adoraba los números, las fórmulas y los problemas difíciles. Si quería divertirse un poco tomaba un periódico y calculaba la cantidad de palabras en las noticias. Así fue como comenzó a competir con sus amigos. Los premios eran revistas de historietas que leía para luego hacer canje con ellas. Estas revistas también eran una de sus aficiones. Para él era sorprendente que a través de unas pocas frases y muchas imágenes se pudiera contar tanto.

Una mañana, durante el desayuno, su padre le informó que ya era hora de encargarse de la librería. A Esteban eso no le gustó mucho. De hecho le cayó como un balde de agua fría... bien fría.

—¿Hacerme cargo de la librería del abuelo, papá? No sabría bien qué hacer en aquel lugar. Prefiero los números y las fórmulas. Son mucho más divertidos que los libros —declaró con amargura.

—Esa fue la voluntad de tu abuelo, hijo. Nosotros te ayudaremos en lo que necesites —añadió la madre.

—Papá, tú tienes más experiencia que yo, ¿por qué no lo haces tú? —preguntó Esteban animado.

—No es así de sencillo. Aparece en el testamento de tu abuelo: tienes que ser tú. Tu abuelo tendría sus razones —le dijo el padre enfático.

El padre lo dispuso todo para que Esteban abriera medio día la librería seis veces a la semana. Así podría asistir a sus clases sin ningún problema.

"Sigo prefiriendo las matemáticas. No hay manera de que las abandone y me convierta en librero", pensaba Esteban mientras abría el candado oxidado en su primer día de trabajo.

Pero poco a poco comenzó a disfrutar del silencio que reinaba en la librería. Es más, le empezó a gustar la compañía de los libros. Cuando terminaba sus tareas o finalizaba de leer una revista de historietas, se ponía a escudriñar en las estanterías.

Después de cuatro años, se graduó con honores de la escuela de matemáticas, pero, inesperadamente, lo único que deseaba era seguir al frente de la librería. Además de la sabiduría que descubría cada tarde, sus insólitos clientes le hicieron sumergirse en un mundo maravilloso y misterioso del que no quería apartarse.

A la librería llegaban clientes de todas partes con enormes sacos repletos de libros, periódicos, revistas y todo lo que pudiera estar escrito. Y cuando digo "de todas partes", no me refiero solo a nuestro mundo. ¡Los clientes venían de cualquier rincón del universo! Y como en muchos de esos lugares no había dinero, Esteban se hizo muy bueno con el canje de mercancías.

Muchos visitantes de otras partes del universo lucían como seres humanos, pero otros se veían un poco extraños. Algunos tenían tres ojos, orejas puntiagudas, cabellos azules o colas largas. Otros tenían dones especiales. Podían volverse pequeños, atravesar muros o evaporarse y volver a aparecer.

Había un gran número de clientes que se reunían en la entrada para quedarse con los libros más recientes. Había libros provenientes del pasado, el presente y el futuro. Los libros del futuro eran los más extraños y los más solicitados por todos.

Capítulo 2
Esteban y las hojas en blanco

Además de comprar y ser vendedor de libros, Esteban canjeaba los libros que ya no le interesaban a nadie. Piensa por un momento: ¿a cambio de qué intercambiarías un libro? ¿Por un rico helado o un álbum de fotos de animales exóticos? ¿O tal vez por una moneda de la suerte? Esteban canjeaba los libros por objetos que le ofrecían los visitantes del universo. Por esto, la librería estaba llena de cosas fascinantes: jarrones con misteriosas figuras, mapas antiquísimos de lugares perdidos o artefactos tecnológicos que aún no se habían inventado en nuestro mundo.

Sin embargo, con el paso de los años, Esteban comenzó a cambiar. Pero no creas que tomó la forma de alguno de esos seres fantásticos que llegaban de otras partes del universo. No le crecieron antenas, tampoco adquirió la habilidad de volverse invisible ni de cambiar de tamaño. Aunque Esteban se veía igual, se había vuelto un ser huraño. Ese joven, delgado, de cabellos rizados y hermosa piel canela había dejado atrás su dulzura.

Se fue a vivir a la librería y no quería salir de allí ni para buscar comida. Adaptó un rincón en el tercer piso y lo convirtió en su habitación. En realidad se trataba de un colchón con dos mantas y una lámpara destartalada. No tenía nada más, ni siquiera había llevado con él a Chepe, su gato. También dejó de ver a sus amigos. Ya no los invitaba a la librería para que fueran los primeros en ver las últimas adquisiciones que llegaban de todos los rincones del universo. Mantenía las puertas de la librería cerradas con tanta frecuencia, que muchos clientes dejaron de ir.

Sus padres no volvieron a insistirle que regresara a casa. Chateaban con él desde la antigua habitación de Esteban, mostrándole a través de la cámara sus pertenencias, como si estas tuvieran vida propia. Ellos decían cosas como "Chepe pregunta por ti". Sus amigos trataban de retarlo a calcular la cantidad de libros en cierto anaquel o el número de hojas de un tomo. Pero Esteban no mostraba ningún interés. Esteban ya no quería vender ni intercambiar ningún libro. Se había vuelto avaro, como un duende que guarda sus tesoros en un lugar escondido y no los quiere compartir con absolutamente nadie.

¿Y cómo crees que aplicaba las matemáticas que tanto adoraba? Se dedicó a hacer un detallado inventario de sus posesiones. Clasificaba y volvía a clasificar los libros en categorías que luego desbarataba. Los movía de aquí para allá, mientras hablaba y se respondía a sí mismo:

—Ya sé, voy a cambiar este libro clasificado en la sección Dimensiones desconocidas a la sección Espacios misteriosos.

—Sí, aquí va mejor. Mucho mejor.

—Porque no es lo mismo "desconocido" que "misterioso". Claro que no.

—No, no es lo mismo…

—Veamos, ¿cuántos libros hay aquí?

—Tres mil. Y si quito uno son dos mil novecientos noventa y nueve.

—¡Ah! Ya está. *La increíble historia del planeta solitario* va a la sección Espacios misteriosos y *El círculo de los titanes* para acá.

—Tres mil y tres mil. ¡Perfecto!

El día de su cumpleaños número veintisiete, Esteban se despertó y bajó la escalera a tientas. Todavía no amanecía y estaba soñoliento. Bajó al segundo piso, se acercó al anaquel y tomó un libro.

La portada del libro decía: *La increíble historia del planeta solitario.* "Ummm, fabuloso, este libro fue mi primera adquisición", pensó. Al abrirlo dio un brinco y lo soltó. Estaba en blanco. Se frotó los ojos con angustia, lo recogió y pasó otras páginas. Era cierto. ¡Era increíblemente cierto! Rápidamente tomó otro libro y solo encontró hojas en blanco. Uno a uno, Esteban sacó los libros de los estantes, preso de un gran asombro. Ni una letra ni una vocal, ni un dibujo, no había nada. Uno tras otro, todos los libros estaban vacíos, estaban en blanco.

Un par de clientes comenzaron a llegar. Esteban no tuvo más opción que asomarse a la puerta y decirles que ese día estaba indispuesto y que no iba a abrir del todo. Tan pronto el último cliente se marchó, Esteban trancó la puerta y volvió al segundo piso. Tomó un par de libros en sus manos y comprobó: los libros seguían en blanco.

Esteban no sospechaba que lo esperaban aún más sorpresas. Él había visto toda clase de viajeros del universo. Muchos de estos viajeros eran seres increíbles que le aseguraron que los objetos que le daban a cambio de libros algún día lo sorprenderían. Pero después de tantos años, nada, absolutamente nada extraordinario había sucedido... Hasta ahora.

Detective del lenguaje	**¿Qué tipo de oración es la oración subrayada?**

Capítulo 3
Corina y Nico, el dragón guardián

Cuando Esteban se quedó solo, un hombrecillo traspasó la puerta y exclamó muy agitado:

—¡Esta estatua de dragón es para ti! A cambio necesito *La increíble historia del planeta solitario* y un vaso de agua. ¡Ah!, y una silla para descansar mis pies, por favor.

—Pero ese libro es mi primera adquisición. Además ha sucedido algo sorprendente, que no podría explicarte...

—Tómalo o déjalo. El dragón te ha encontrado —dijo seriamente el hombrecillo.

Cuando el hombrecillo sacó la estatua, Esteban se maravilló. Imagina que tu abuela llega con un paquete de regalo, lo abres y encuentras la tableta electrónica que tanto querías. ¡O que te regala ese videojuego que tanto deseabas!

Esteban aceptó gustoso la estatua a cambio del libro, la puso en el mostrador y el hombrecillo se esfumó. Esa noche, no bien Esteban se había dormido cuando la estatua del dragón cobró vida: abrió sus alas, se estiró, movió la cola y emitió un ruido. Mientras, Esteban roncaba y se enrollaba en sus mantas.

Al día siguiente, Esteban se despertó de un salto y encontró un dragón que lo miraba desde la entrada de su habitación. Escuchó lo que Nico, el dragón, tenía que decirle a la vez que sujetaba las cobijas sobre sus labios temblorosos.

—Todo ser humano tiene un ser que lo cuida —comenzó a decir Nico, el dragón—. Yo he venido en tu ayuda porque necesitas aprender una lección muy importante.

—Yo ya sé muchas cosas. <u>¿Qué más podría aprender?</u> —respondió Esteban haciéndose el valiente.

—No es coincidencia que el hombrecillo te haya pedido canjearme por uno de los libros que más aprecias —dijo el dragón.

—¿Y qué con eso? —Esteban respondió de mala gana.

—Ahí está la clave. Debes hacer algo muy especial para volver a descubrir el valor de compartir tu sabiduría y hacer amigos —respondió el dragón.

—¡Bah, los amigos! La librería ya casi no recibe clientes y me alegro. No necesito que nadie me compre mis libros.

—Entre tus clientes había una niña con el cabello rojo y pecas en las mejillas, que frecuentó varios meses este lugar antes de que, por ser tan egoísta, tú cerraras sus puertas.

Detective del lenguaje	**¿Cuál es la función de los signos ortográficos en la oración subrayada?**

—¿Egoísta, yo? Pero si todo el mundo disfrutó de mis libros —dijo Esteban aún más malhumorado.

—Debes enseñar a Corina a leer y a escribir bien —dijo el dragón con mucha paciencia.

—¿Corina? ¿Quién es Corina?

—La niña pecosa que frecuentaba esta librería.

—Ya, ya, ya, entiendo.

—Mira, Esteban, Corina está al frente de la puerta. Vístete y déjala entrar —susurró el dragón.

Esteban bajó lentamente la escalera y el dragón lo siguió. En ese momento toda su vida pasó por su mente como una película. Recordó a su abuelo, sus padres, sus amigos, los clientes y las hojas blancas.

Ató cabos y adivinó lo que faltaba en su vida. Se dio cuenta de que necesitaba un amigo de nuevo, así como recuperar a sus compañeros y a sus padres. Dedujo que la librería no era nada sin los clientes, así como el universo no es nada sin los seres que lo habitan. Además la sabiduría solo valía la pena si se compartía con el resto de las personas. De nada servía que se guardara en los libros sin que nadie la leyera.

Detective del lenguaje	**La oración subrayada es imperativa. Busca otras oraciones imperativas en esta página.**

Esteban abrió la puerta y tuvimos nuestra primera conversación:

—Hola, Corina, bienvenida —musitó Esteban con timidez.

—Buenos días, señor Esteban —dije tiritando de frío.

—¿Podrías hacer algo por mí?

—¿Qué podría hacer yo por una persona como usted? —pregunté con sorpresa.

—¡Ehhh! Pues olvidé cómo hacer amigos.

—Eso no se olvida, creo —y me eché a reír.

—Este es el trato: yo te enseño a leer y a escribir bien y tú... Yo solo necesito una amiga.

—¿Cómo sabe que no sé leer bien? —pregunté avergonzada.

—¡Me lo contó un pequeño dragón!

En ese instante, Nico salió detrás del mostrador Esteban dijo:

—Hoy debemos empezar con la historia de esta librería, ¿no es verdad?

—¡Sí! —grité sin dejar de mirar al dragón.

Fue así como las letras de los libros volvieron a aparecer. El librero se convirtió en mi maestro, yo me convertí en su amiga y poco a poco los clientes regresaron a la librería. Gracias a las enseñanzas de Esteban, terminé siendo una gran escritora.

Al final de su vida, Esteban me dejó a cargo de la librería. Y si algún día pasas por aquí, todavía podrás ver ese antiguo letrero que cuelga en la entrada casi como si se fuera a desplomar.

Resumir

Usa detalles importantes de *El señor de los libros* para resumir el cuento. Usa el organizador gráfico como ayuda.

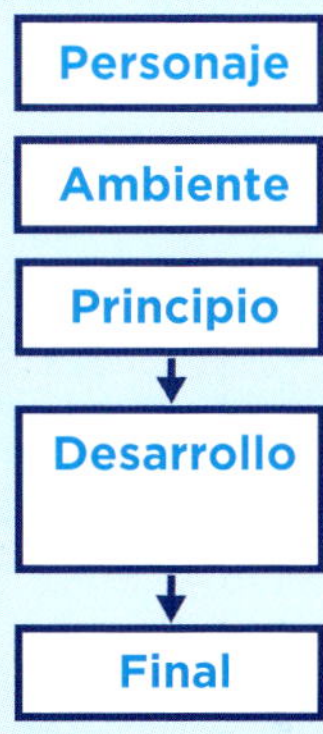

Evidencia en el texto

1. ¿Cómo sabes que *El señor de los libros* es una fantasía? Identifica dos características del cuento que te permitan determinarlo. **GÉNERO**

2. Vuelve a leer el capítulo 2, ¿qué sucesos llevaron a Esteban a descubrir de nuevo el valor de la amistad? **SECUENCIA**

3. En la página 9, ¿qué significa la frase *a tientas*? **CLAVES EN LA ORACIÓN**

4. ¿De qué manera Esteban cambió su actitud con respecto a los libros y la librería? **ESCRIBIR SOBRE LA LECTURA**

Género Ficción realista

Compara los textos

Lee para saber cómo podemos conseguir lo que necesitamos.

El viaje de Irene

A Irene le encanta el voleibol. Cada día, se queda en la escuela después de las clases a practicar su deporte favorito. De hecho, pertenece al equipo de la escuela con el que ha ganado varios campeonatos locales. Una tarde, el entrenador del equipo les da una gran noticia:

—Niñas, al final del año habrá un campeonato mundial infantil. Nosotros vamos a competir en la categoría de 10 a 12 años.

—¿Dónde será? —pregunta Irene.

—¡En Kioto, Japón!

Illustration: Edwin Díaz

Todas las niñas saltan y se abrazan al oír la respuesta del entrenador. Ellas saben muy bien que ese país es la cuna de grandes jugadoras, así que deben prepararse todo el año para poder competir. A Irene, en especial, le parece increíble que su sueño de conocer Japón se vaya a hacer realidad, ¡y tan pronto!

El entrenador les explica que los pasajes de las jugadoras y la estadía corren por cuenta del Instituto de Deportes local. Pero cada familia debe reunir dinero para el pasaje de uno de los padres. ¿Lo logrará la familia de Irene antes de noviembre?

Tan pronto su hermano mayor le abre la puerta, Irene deja su mochila en el suelo y sale corriendo hacia el jardín. Allí están sus padres tomando el sol, cuando oyen los gritos de emoción de su hija:

Illustration: Edwin Diaz

—¡Papi, mami, nos vamos a Japón! —exclama Irene con emoción.

—Irene, cálmate. ¿Cómo es eso? —le pregunta su madre desconcertada.

—¡Habrá un campeonato mundial! —contesta Irene—. Y nuestro equipo competirá en él.

—¡Felicitaciones, hija! Ahora deberás entrenar más que nunca —dice su padre.

Toda la familia debe encontrar una forma de ahorrar dinero para que uno de los padres pueda acompañarla.

A Irene se le ocurre hacer un mercadillo para vender cosas de diferentes países. Sus familiares, vecinos y amigos creen que es una excelente idea y todos se ponen manos a la obra. Cada domingo, los abuelos preparan exquisitos platos y postres, y los jóvenes elaboran pulseras y collares siguiendo el estilo del país seleccionado. Los vecinos llevan revistas, fotografías, juguetes y objetos relacionados con cada país. Las ventas son un gran éxito y, por supuesto, ¡el primer país es Japón!

Los meses transcurren mientras Irene y su equipo practican voleibol con mucho entusiasmo y compiten con otros equipos nacionales. Dos semanas antes del gran evento, les confirman la noticia: ¡representarán al país en el campeonato mundial!

La familia de Irene decide que su madre la acompañará. Cambian el dinero que han reunido con las ventas del mercadillo a yenes, la moneda japonesa, y emprenden su viaje con el equipo. La madre de Irene la apoya en todos los partidos y graba cada uno de ellos con la cámara de video que compró con sus ahorros.

El campeonato es todo un éxito. Te preguntarás en qué lugar quedó el equipo de Irene: ¡Ganaron el campeonato mundial!

Pero lo mejor de todo es que Irene no solo pudo cumplir su sueño de conocer Japón, sino que también aprendió dos lecciones importantes. La primera, que gracias al esfuerzo y dedicación de su equipo, logró llegar muy lejos. La segunda, que su familia también trabajó en equipo para alcanzar una meta especial para ella.

Haz conexiones

¿De qué manera Irene logró conseguir lo que le hacía falta? **PREGUNTA ESENCIAL**

¿En qué se relacionan *El señor de los libros* y *El viaje de Irene*? **EL TEXTO Y OTROS TEXTOS**

Enfoque:
Elementos literarios

Símiles Los símiles son figuras literarias que comparan dos elementos utilizando el adverbio *como*. Por ejemplo el símil *rápido como un rayo* significa que alguien, o algo, es muy veloz.

Lee y descubre En la página 8 de *El señor de los libros*, se compara a Esteban con un duende. Cuando Esteban ya no quería vender ni cambiar ningún libro, el narrador dice que Esteban era "avaro como un duende que guarda sus tesoros en un lugar escondido".

Tu turno

Identifica una descripción en el cuento *El señor de los libros*. Vuelve a escribir la descripción usando símiles. Observa si hay más descripciones que puedas describir por medio de símiles. Compártelas con el resto de la clase y pregunta si saben qué significan.